Teresa Marrero

Cajita de rapé

Poemas

Platero
COOLBOOKS

Título: Cajita de rapé
Primera edición: noviembre, 2024
© 2024, del texto Teresa Marrero.
© 2024, de la edición, maquetación y diseño Platero CoolBooks.
© Platero Editorial S.L.
Glorieta Fernando Quiñones s/n .
Edif. Centris, planta 2, módulo 10. 41940 Tomares (Sevilla)
info@plateroeditorial.es
www.plateroeditorial.es
Diseño de portada: Platero CoolBooks.

Printed in Spain-Impreso en España
ISBN: 978-84-10062-83-2

A ti, dueña de la cajita de rapé,
por enseñarme la realidad de los sueños.

Índice

Libre naturaleza

Una flor en su ventana amanece.
Ella nació del fuego,
bañada por el mar,
empujada por la luna,
alimentada de sol y agua.
Acude a la llamada de su origen,
libre naturaleza.
Las nubes descargan suave rocío acariciándola.
Soy piel mojada,
soy primavera, verano, otoño, invierno.
Guardo las hojas secas para abrigarme.
Soy madre de riquezas cosechadas en mi entraña
mientras otros sobreviven de migajas.
Soy la tierra aterrada,
un puntito en el universo
gritando de miedo,
mirando el tallo sangrante
mientras su flor se marchita.

Regalé a mis hijos riquezas.
No tengo voz pero sí presencia.
Aún estoy viva para salvarlos de sus errores.
Mi centro de fuego latiendo sin tregua.
Soy esplendor sin mimos, soy madre doliente.
Soy espejo donde se agarra tu reflejo,
en tu tribuna perfecta soy quien la sostiene.
Muero en largos inviernos, renazco en primavera,
llenando de flores jardines y bosques.
Las heridas de mi cuerpo
las acaricia un cervatillo hambriento
intentando alimentarse.

Ven a mí

Tocó el poeta la estrella,
que lo miraba fundiéndose en ella.
En la nebulosa de Orión quedo prisionero,
pidiéndole a la estrella su forma corpórea.
La luz de una vela me ofrece
su sombra etérea.
Desde mi hemisferio no alcanzo a verte.
Te extraño, poeta.
La estrella guarda celosa tu esencia,
mandándome los versos,
acariciándome el alma.
Ven a mí, entre la nebulosa de Orión
recitándome los versos
que dejaste de escribir.

Verso en la noche

Recitabas versos en mi sueño.
Desperté sobresaltada buscándote.
El sonido de tu voz seguía,
en mi oído entonando
cada verso dormido.
Ven, despierta los versos, sueña conmigo.
Te estoy esperando a la orilla del rio,
junto a la cascada que lleva
al ancho mar de las emociones.
En mi barca tejida de flores navegaremos,
sembrando los versos en la noche que duerme.

Más allá de la muerte

Más allá de la muerte
sigue uniendo el destino
en su respirar, tu amor y el mío.
Más allá de la muerte
aplauden las maracas,
el baile de los enamorados.
Entre los monstruos
acompañando a la dama.
Espiga de trigo en flor
perfuma mi renacer.
Quiero seguir amando
como amé ayer.

Momentos sin prisa

La fina tela del tiempo pasa deprisa.
Quiero atraparlo cuando me provoca,
pasando deprisa.
Él no se equivoca,
pasa cambiándolo todo.
Hablan las miradas
en la fina tela pintando recuerdos,
labios carnosos de pintura roja,
sonrisas sin grietas,
besos que marcaron momentos,
sin prisa.

Lágrimas negras

Sacudió el polvo la envidia,
sobre las flores silvestres.
Vino la lluvia a lavarlas,
dejando en ellas lágrimas,
negras de carbón quemado.

Descalza

Las lágrimas del poeta rompen,
el corazón de la mujer descalza.
Vestida de finas telas, danzando
en la arena de la playa desierta.
Las lágrimas van borrando las huellas
que busca el poeta.

Amor desenfrenado

Sigue tu calor en mis sábanas.
Tu aliento en la almohada.
El calor de tu piel en la mía
se enfría en el adiós
de un amor desenfrenado.

El verso roto

Tocó mis labios el verso.
En la noche lo canté
creyendo que era mío.
Su dueño con enfado,
reclamó su autoría,
rompiendo su pluma,
desramado, él, alimentos del verso.
Ahogo la hierba y el verso
que de mis labios caía.
Mi boca seca besa la hierba
recogiendo la esencia
del verso roto.

Sentimiento

El llanto silencioso
el grito rompiendo.
Lágrimas cayendo,
ahoga el sentimiento.
La llama de la lumbre,
iluminan con su baile las
lágrimas tristes.
Enjuaga tu pena
secando las lágrimas
el dolor del grito.
Grita de nuevo avivando
el fuego que seque tu llanto.

Vestida de barro

¿Por qué me despiertas?
Cerraste la zanja
donde me escondía
vestida de barro.
Despierta te toco
con manos de tierra.

Reina y madre

Mi padre el sol,
mi madre la luna
y tengo un hermano
que al alba me saluda.

Ven

Ven despacio pero corre.
Te estoy esperando,
sola y sin abrigo.
¡Ven pronto! Que tengo frío.

El aprendiz

El aprendiz de sueño.
El soñador en sueño ajeno.
El ajeno con su sueño ocupado.
El sueño desorientado.
Los que sueñan despiertan,
sin sueños que recordar.

Bajo las piedras

Grita en el barranco,
desesperado su desencanto.
Sordos lamentos
que el eco esconde
bajo las piedras,
al fondo del barranco
donde el agua corre,
llevándose los lamentos.

Puedo hacerlo

¡Puedo hacerlo!
Tu fuerza será mi aliento.
¡Puedo hacerlo!
Atraparé la energía
en la estrella fugaz,
si las nubes no tapan
mi firmamento.
¡Puedo hacerlo!
Dejarás libre los vientos.
En las montañas de fuego
caminaré entre ellas.
Si guías el fuego para alumbrarme,
¡puedo hacerlo!

Ráfaga de viento

Una ráfaga de viento
empujó a las mariposas
al cristal de mi ventana,
bailando sobre las rosas
que cada mañana dejabas,
mientras yo suspiro enamorada.
Esperando verte en la
ráfaga de viento.

Amor

Te encerré en la cueva fría bajo el palacio.
Hoy quiero tu perdón.
Te estoy llamando.
Los latidos de mi corazón
en las paredes desnudas se están rompiendo.
Bajo mi palacio rodeada de lujo
sentía el frío de tu encierro.
En mi imperio no tenías cabida.
Me equivocaba.
Contéstame, sé que estás ahí,
en algún rincón
toca mi corazón arrepentido.

Yo no fui

Al terminar mi efímero tránsito,
en este universo perfecto,
dejaré mi tribuna.
Y quien la herede heredará mi culpa
con apellido que reza,
¡yo no fui!

Gatos pardos

En los días busco mis guías,
en las noches ángeles.
En en el jardín del sueño perdido
camino con tiento entre las tinieblas,
buscando mi sombra para no asustarme.
Escondiéndome del viento y la fría brisa.
Me cubro con ramas y espigas de trigo.
Oculto en la zarza de las dulces moras.
Lamo mis heridas calmando mi hambre.
La vida que late en guerras absurdas
de los gatos pardos.

Cosquillas en el alma

Yo sería rica
si mi alma se llenara de versos.
Yo sería feliz regalando sonrisas
a quien mi alma escuchara.
Soy el carcelero del demonio infante,
travieso y juguetón,
removiendo los versos,
cosquilleándome el alma.

Agua de mar

El tiempo dibujado en la mirada
que acariciaron las ramas del tarahal.
Hoy intento sacar
de sus raíces saladas los recuerdos.
Bajo la sombra verde en la hondonada
con el mar rugiendo al fondo.

Versos de la mañana

Por mi ventana dejo entrar
la mirada del poeta sonriente,
escribiendo los versos de la mañana.
Entre cortinas blancas me saluda
con sus manos en flor
regalándome el temprano verso.
Desde su ventana a la mía
recojo las flores perfumadas
de los frescos versos en la mañana

Los ojos míos

Allano el camino de su destino.
Abrazo las enseñanzas
construyendo puentes,
juntando caminos
por los que anduvo.
Se bañó en los mares,
se alejó del ruido
en la tierra fértil.
Besó el agua dulce
compartiéndola conmigo.
Me miró la niña con los ojos míos.

Inexistencia

Pasa la noche brindando
palabras a su conciencia.
La que espía, la que teme,
arrepentida la que escucha,
la canción prohibida.
Encarcelada en las páginas
de un libro maldito.
No tiene miedo ante las puertas cerradas.
Abriendo ventanas mirando la oscuridad
donde se esconde su miedo.
No tiene días,
oculta en la noche
huye de la tormenta
tras sus inexistentes ventanas.
Cerca de fuentes claras
en un paralelo mundo,
de noches frías cantando
la canción prohibida.

Donde las flores
no mueren

Vino el viento a contarme
que encontró un lugar
donde no había soplado antes.
En sus brazos de aire cálido,
me llevó por el sendero al jardín,
donde las flores no mueren,
para encontrarte.

El anillo

Quién barrió el camino
donde perdí el anillo.
Quién manejó la escoba, rastrillo o pala
que enterró mi destino
en los escombros del tiempo.

El deber

Te escribo cartas
que nunca enviaré,
pero siento el deber
de contestar a las tuyas.

Miedo

Al infierno bajé,
saltando de llama en llama
hasta la más alta
para quemar mi miedo.
Quise tocar el cielo
desde mi profundo infierno,
pero algo lo ha tocado,
y no es mi miedo.

En la madrugada

Ángeles con corazones de fuego
caminan junto a mi cama
en la madrugada.
Me dices que no les mire,
que son demonios disimulando
en su trono de fuego
atrapando mi sueño.

Parada en la puerta

En la puerta espera
viéndolo llegar.
De sus labios brotan los besos
que no le dará.
Él no sabe que le ama.
Parada en la puerta,
se muerde los labios,
borrando los besos.
Le invade la pena,
la angustia y el miedo,
que a otra le diga te quiero.
Parada en la puerta,
esperando siempre
vestida de celos.

Te fuiste

Te fuiste con prisa
al amanecer sin un adiós.
Te vi en la lejanía,
grité tu nombre
pero no respondiste,
desapareciendo entre la bruma oscura
dejándome sola.
Quemando mi verano,
arruinando el otoño,
secando el invierno,
dejándome sin primavera.
Entre llantos secos,
dolores del alma,
he parido en el infierno.
Quemada por dentro
despierto sin aire,
envuelta en su nube
me cubro de encajes
amenazada de frío.

Danza

Danza mi amor, yo te miro.
Tu esbelta figura
se funde en la música
rompiendo el aire.
Tus brazos son alas
acogiendo la blanca paloma.
Ella te abraza mientras yo muero,
sola en el patio de butacas.
No, soy yo la bailarina,
en tus brazos bailando.

Amistad

Tus zapatos te pedí
para aliviar mi cansancio.
Te lamentabas mirando
huellas descalzas, dibujaban en
el barro y tus pies, fríos.
Yo contigo caminaba
con mis pies descalzos
llevándote en brazos.

Amor en el tiempo

Eres la risa en la brisa.
Eres amor en el tiempo
llenando de aromas el viento.

Tu esclavo

Hoy me miras diferente,
¿qué ofensa me has perdonado?
Todas te he perdonado.
No recuerdo tragedia mayor
qué vivir siendo tu esclavo.

El alma

El alma se mece en él,
vacío de la existencia.
Sus heridas no sanan
aunque mil años vague
recorriendo el universo
de nave en nave.
El alma no está acorazada,
pero es guerrera.

Mujer

Si la mujer siente frío,
no es que haga frío,
es que deja de correr.
Por un momento se
olvida que es ambidiestra,
don que no cree tener,
pero todos le atribuye.
Solo es humana, con muchas
Habilidades.

Mírala

La divinidad mendigaba.
Yo solo a un pobre vi,
ahora mendigo en su búsqueda
pidiéndole limosna.

Era tan bueno

¡Qué pena!
Murió el que vivía solo.
¡Ay! Era tan bueno,
no molestaba a nadie.
La muerte les mira,
hablando con el ya muerto.
Ves, todos son buenos
cuando se van conmigo.

Mis temores

En las noches de tormenta
roncan los truenos
respirando con fuerza
entre tu sueño y el mío.
La lluvia cae
atravesada por la luz del rayo.
Ilumina tu rostro mojado,
bello durmiente,
despertándome
de los sueños en blanco y negro
de mis temores.

Te di

Te di mi corazón y me robaste el alma.
Te di luz en la oscuridad.
Te di el aliento que necesitabas.
Allané tu camino con mis manos.
Deshojé las margaritas
cuando la fe te abandonaba.
Devuélveme las ramas de laurel
donde envolviste mi alma.

La espada

Mi alma amenazada por
el filo de la espada
que empuña un falso guerrero.

Deja que te mire

Desaliñado a veces pero guapo.
Su mirada viste de manera especial,
aliñada de divinidad
la que mira sin dañar.
No tiene artes estudiadas
pero sí un interior desbordante,
siembra sabiduría,
en pensamientos ajustados a sentimientos.
Respeta al que escucha
con oídos de sabio.
Instruido en la vieja frase del diablo
expulsado del infierno
por ser más diablo que el diablo.
Jefatura sin complejo.
En los mares, pez en la tierra
figura cálida.
Andando por cualquier calle.

No pide limosna,

es estampa de hombre libre,

no teme, porque respeta.

Mirando siempre de frente.

En los fondos marinos busca

sabiduría, acariciado

por algas de colores.

Andando en cuestas

llenas de curvas estrechas

donde la fatiga aprieta.

Sentado en verdes prados,

sabiendo que la maldad está dormida

cuidándola astuto con canciones de cuna.

Deja que te mire.

Volver

No hay pañuelos de seda,
bordados de lágrimas
que atrás me hagan volver.
No caeré en la trampa
de tu amor de ventanilla,
de rutina y quebranto.

Mi cuadro

Encontré mi cuadro
que el museo del tiempo
ha ido pintando.
En un solo lienzo, toda una vida
en un cuadro mágico.
Junto a tantos lienzos
del pasado ajeno.
En mi presente, la curiosidad me invade.
Inmóvil junto a mi lienzo
buscando.
¿Qué pinta el futuro?

El árbol se seca

El árbol está seco,
lleva mucho tiempo
tras la casa sin ramas ni frutos.
El viento se aparta sin aliento.
Con él ya no juega.
La tierra sujeta al tronco inerte,
que espía y siente su débil simiente
de tiempos de gloriosos,
parte de un todo,
el árbol se seca.

Te encontré

La niña que a veces llora,
dentro de ella,
queriendo callar su llanto,
fue a buscarla.
Tímida y callada aceptó su mano,
hablaron, caminaron juntas y se miraron,
con los mismos ojos
en un cuadro mágico
la mujer y la niña
se dicen al mismo tiempo:
¡Té encontré!

Jugando

Jugando con las vocales
apartó la O.
Encontré el amor, el beso y el verso.
Agarré a la alegría, la fantasía y la brisa.
Junté la alegría al amor.
El verso a la fantasía.
El beso a la brisa.
La O de centinela
vestida de mujer soldado.

Me dijo que le mirara

Me dijo que le mirara
y mirándole le dije
no has sido tan bueno
como parece,
yo tampoco,
aunque miré distinto.

Soñar

Es hermoso soñar
pero mejor despierto.
Con la conciencia en el alma
y los pecados durmiendo.

El viento

El verso en la brisa,
bailando y riendo.
El viento la enfría
celoso del verso,
que en ella se mece.

Conmigo

En un paquete pequeño
sobre mi equipaje tengo
la ilusión, el amor y la amistad
para que viaje conmigo.
Su esencia la llevo en el alma,
no quiero que coja frío.

La cura

En la montaña mágica vive
el médico que cura sin pócimas,
ni medicina convencional,
las tristezas del alma.
Escalarás largo rato,
cuando llegues a la cima sanarás.

Mis ojos

No sé qué tienen mis ojos
que a ti te intimidan,
será que mi pensamiento
entre dos amores mira.
No hay nada que pueda atarme
más que el amor que por ti siento.
Mi otro amor es un futuro contigo.

La estrella tímida

Amaba la noche sintiéndose libre.
La noche la mima.
La envuelve en su manto.
En el firmamento una estrella
su paso ilumina
cubriendo su piel desnuda.
Bajo el firmamento la guía
la estrella tímida.

Mi día

Lucero del alba
alumbra mi día,
que mi noche es larga.

Los pequeños grandes sueños

Versos en la noche.
Abrazos de aire.
Los sueños pequeños
despiertan los grandes.
Rompen el aire.
Se pierden los versos cargados
de sueños.
En las finas grietas del
aire
los pequeños sueños
se cogen de la mano
uniendo su fuerza buscando
el abrazo en el viento roto.

La música de los versos

Me dijo que era poeta,
el que canta a las flores.
Me dijo que era la flor cantando.
Me cantó entre las flores,
bailando, el canto de los versos.
En el prado los escuché,
abrazada a las flores,
uniendo todos los cantos.

Atrapada

Atrapada en el espacio tiempo,
dormida en un sueño.
Cayendo al vacío mi cuerpo flotaba,
queriendo agarrar la esperanza,
que con miedo de mí se aleja,
abriendo sus verdes alas como la hierba,
en la que reposada levanto el vuelo,
dejándome sola, huyendo del viento,
que yo provocaba.

Los versos

Olvido los versos
borrándolos del papel y pensamiento.
El pasado lo atrapo sin miramientos.
Quiso mirar al mundo,
atravesando el horizonte
desde su ventana estrecha,
dejando atrás personajes de otro tiempo
atrapados en los versos olvidados.

El soldado

Compró el soldado un billete
para el vuelo que solo en sueños despega.
Quiere viajar a la luna cargando un largo sedal.
Sentarse en ella para pescar de la tierra el mal.

Ausencia

Llena de besos su rostro,
pálido tras su larga ausencia.
Enamorada le mira sin reproches,
ella suspira entre besos y caricias
del que esperó tanto tiempo,
cerrando su corazón
con la llave por dentro.

Miro

Si tú me miras como yo te
miro, ¿qué ves en mí?

Barro

Dejé mi puerta abierta
esperando tu llegada.
Ruido de las pisadas
de pasos indecisos,
corrí a recibirte
y solo el barro
de tus botas vi.

La sonrisa de la cabra

Se espantó la cabra, al besar su sonrisa
levantó las patas saltando contenta,
volvió a mí, buscando el beso,
con su ubre llena y sonrisa eterna.
Animal de monte y de pasto verde.

Recogí

Recogí de las zarzas los frutos.
Entre los arbustos,
agarrados a las piedras.
Brotan las moras de color negruzco,
frágil, agrio y dulce a la vez,
hidratando mi garganta,
seca entre las zarzas, buscándote,
manzano en flor bésame.

Perro

Me llamas perro.
Lengua bajo caninos
con el don de la palabra,
intentas ofenderme,
no te das cuenta
que ofendes al perro.

Lágrimas frías

En mi tribuna sueño,
en la noche riendo
cerca del infierno donde
el diablo es diablo por viejo.
La risa suena a llanto roto,
solapado en el sueño,
lágrimas frías provocadas
por la risa cuando duermo.

Bajo la brisa

Te vi en la mañana.
En la noche desapareciste.
Te busqué bajo la gélida brisa
que la noche envolvía.
Mi aliento convertido en bruma
burlona ante mi vista cansada.
Perdida mi alma
en la oscuridad gritaba tú nombre.

Mi universo

Tapó la luna enamorada parte del sol,
mientras yo,
dejando en sombras mi universo,
intento abrazar la energía de los astros
mutuamente enamorados
en un punto tan lejano
y cercano para verlos.
Me abracé en su grandeza,
miré los cimientos de mi tribuna,
perfecta ante su inmensidad.
La cuidaré con esmero
para devolverla al tribunal que la presta.

Alma hambrienta

Camisas blancas,
pantalones rotos,
abrigo del pobre.
Las penas las guarda
el hambre en su alma.
Exilio obligado recoge migajas.
En la boca medallas
de un pasado de gloria.
No lleva equipaje será
corto el viaje
con lo puesto tiene
no quiere alboroto.

El gallo

No me equivocaba
al oír el canto del gallo
a las dos de la mañana.
Entre castaños y pinos,
su canto sonaba mágico
en la madrugada clara.

Caminaré sola

Dices que te vas por necesidad.
Yo oculto la mía.
Dejaré libre el camino.
Sin guardar tú ausencia.
Caminaré sola,
recogeré los escombros
que el tiempo arroje.

Bajo el sol

Me ofrece el sol tu reflejo
dibujando tu sombra en la arena,
fundiéndose mi sombra en la tuya
bajo el sol caliente.
Baila la sombra conmigo,
mientras tu cuerpo mojado me abraza.
Tu sombra y la mía bailan.

Los besos

Devuélveme los besos,
el tiempo que te di y
quédate con los abrazos vacíos
que dejaste en mí.
Llévate los golpes
de mi corazón acurrucado en mi pecho
negándose a morir.

Respuestas

Sigo sola en el silencio,
suspirando unas respuestas,
con la noche a cuestas,
el silencio no contesta
sus oídos sordos,
guardando mis secretos.

Besar

Mujer, deme un beso
de tus labios de seda.
Yo no te puedo besar porque
no sé cómo se besa
a una mujer tan bella,
le canta enamorado
con una flor en la mano,
besándola sin marchitarla.

Cajita de rapé

En la cajita de rapé
guardé los recuerdos.
El último sueño
tu figura etérea,
abrazando en la noche eterna.
Guías mis pasos a través del sueño.
La casa prestada de invierno.
Tu visita esperada en mi sueño inquieto.
El miedo me invade
al verte en la casa que otros ocupan.
Me hablas con tu voz cálida,
no nos pueden ver,
yo estoy muerta y tú estás soñando.
Su figura etérea se fue disipando
en un halo de blanco y frío,
entrando en la cajita los versos,
cantados en tus nanas, abuela.